KLEINE GESCHICHTEN
FÜR GROSSE MÄDCHEN

Schätze,
DIE DU
IN DIR TRÄGST

Das besondere Geschenk für Mädchen

15 inspirierende wahre Kurzgeschichten
über Mut, Selbstvertrauen und Dankbarkeit

**TORRO KIDS
PUBLISHING**

Impressum & Autoren

TORRO Kids Publishing wird vertreten durch:
Beyond Consulting e.U.
Friedhofgasse 36, A–2380 Perchtoldsdorf, Österreich

Inspiration & Texte: Brigitte Thonhauser-Merk
Covergestaltung und -konzept: Natalie Thonhauser-Röhrich und
Tim Thonhauser-Röhrich

Jahr der Veröffentlichung: 2020, 1. Auflage

Wir freuen uns auf Ihr Feedback und Kontaktaufnahme über
torropublishing@gmail.com

Wenn Sie mehr über die wahre Oma Gitti und ihre
Kunstwerke erfahren möchten, dann schauen Sie gerne auf
www.atelier-merk.com vorbei.

ISBN: 9789403604251

Danksagung

Ob du es glaubst oder nicht, Oma Gitti gibt es wirklich
und sie strotzt nur so vor Lebensfreude und Energie.

Danke Gitti, für ein Leben voller Liebe, Kreativität,
Fürsorge, Spritzigkeit, deinen einmalig warmen
Glauben und die unendlichen Gespräche und
Einblicke in deine wunderbare Geschichte.

Wir hoffen dir mit diesem Buch ein wunderbares
Geschenk machen zu dürfen.

Dieses Buch gehört

Kleine Geschichten über

Neugierig sein: Was ist denn das?

Es ist ein herrlich warmer Sommertag. Der Duft von frisch geschnittenem Gras liegt in der Luft, ein kleiner Spatz zwitschert fröhlich aus der Krone des prächtigen Birnenbaums und die Bienen erfüllen den Garten mit einem beruhigenden, aber dennoch geschäftigen Summen.

Lea liebt diese Tage zu Besuch bei Oma Gitti. Es gibt immer köstlichen Kuchen mit einer extra Portion Vanilleeis, das meistens noch viel zu kalt ist wenn man es aus dem Gefrierfach nimmt. Deshalb muss es auch in der Sonne zunächst etwas anschmelzen, bevor man genußvoll mit dem Löffel hineinfahren kann.
Einfach köstlich.

Oma Gitti lebt schon lange in dem Haus mit dem schönen Garten, den üppig gefüllten Hochbeeten, dem liebevoll gepflegten, saftig grünen Rasen, den farbenprächtigen Blumen, dem perfekt in Szene gesetzten Rosenbogen, dem schattenspendenden Birnenbaum und natürlich dem Pool, der gerade an heißen Sommertagen wie diesem mit seinem türkisfarbenen Lockruf die ersehnte und wohltuende Erfrischung verspricht.

Doch auch im Inneren des Hauses warten viele Schätze darauf entdeckt zu werden. Oma Gitti liebt es nämlich nicht nur sich vorbildlich um ihre Gäste zu kümmern, sondern auch ihrer Kreativität freien Lauf zu lassen und dabei alle Sinne in Schwingungen zu bringen.

Schon oft saß Lea neben Oma Gitti auf dem Klavierhocker und beobachtete, wie ihre Finger über die Tastatur hoch und runter liefen. Mal Mozart, mal Beethoven, ein Walzer, ein fröhliches Pop-Lied und natürlich auch ein französisches Chanson gehören zum hauseigenen Repertoire. Oma Gitti liebt nämlich nicht nur die Musik, sondern auch die Sprachen und hier allen voran, Französisch.

Die Erzählungen von ihren traumhaften Reisen nach Paris sind einfach immer wieder herrlich. Lea liebt es, ihrer warmen Stimme zu lauschen und zwischen den Zeilen der Reiseberichte die ansteckenden Freuden-strahlen und erquickenden Schmunzler zu entdecken.

Paris war einfach schon immer der Schauplatz ihrer Träume, um dort ihre Bilder auszustellen. Ja du hörst richtig, Oma Gitti malt nämlich auch noch selbst und das sogar leidenschaftlich gut! Wie in einer Kunst-galerie dienen sämtliche Wände des Hauses als liebevolle Schauplätze ihrer großen Acryl-Gemälde, selbst gemachten Collagen, abstrakten Zeichnungen, warmen Landschaften und farbenprächtigen Aquarelle.

Bei Oma Gitti gibt es einfach immer viel Schönes zu entdecken. Doch das war nicht immer so. Hinter all dem Glanz, der Liebe und dem heute so umwerfend schönen Ambiente, stecken nämlich Jahrzehnte der Arbeit und des Vertrauens. Es verlangte viel Durchhaltevermögen, Aufrichtigkeit, und auch so manch schmerzlichen Verlust. Auch davon weiß Oma Gitti zu berichten, denn die Wahrheiten des Lebens, echte Liebe, Mut und Erfolg fliegen einem zumeist nicht einfach so zu.

Lea wird es, trotz des schattenspendenden Birnenbaums, etwas zu warm im Garten und so beschließt sie, eine kleine Entdeckungsreise durch das Haus zu machen. Nur selten war sie bisher im oberen Stockwerk, wo sich Oma Gitti's Schlafzimmer, das Ankleidezimmer und natürlich auch das hauseigene Atelier befinden.

Langsam geht Lea die weichen, mit Teppich überzogenen Treppenstufen hinauf und schaut dabei mit großen Augen die Gemälde an den Wänden an. Rote Landschaften, gelbe Kreise, grüne Gärten, blaue Figuren. Ein Spielplatz der Fantasie und Freude. Der Griff nach dem eisernen Geländer holt Lea wieder in die Realität zurück. Sie ist im ersten Stock angekommen.

Sie blickt den langen Gang entlang, an dessen Ende die Sonne durch die halb geöffnete Tür zu Oma Gitti's Schlafzimmer hindurchfällt. Sie lauscht und hört raschelnde Geräusche. Langsam macht sie einen vorsichtigen Schritt nach vorne. Da! Ein Schatten huscht durch das Zimmer. Lea bleibt stehen.

„Oma Gitti?", ruft sie. Nichts. Sie traut sich dennoch einen kleinen Schritt weiter auf den offenen Türspalt zu. Wieder das raschelnde Geräusch. Jetzt ist sie sich sicher, es kommt aus Oma Gitti's Schlafzimmer. Nochmals ruft sie „Oma Gitti?".

„Ja, mein Schatz?", kommt die erlösende Antwort der so vertrauten Stimme von Oma Gitti aus dem Zimmer zurück, während sie den Türspalt öffnet, und jetzt der ganze Flur mit warmem Sonnenlicht gefüllt wird. Da sitzt sie, Lea über die Schulter ansehend, an ihrem kleinen Schminktisch–mit einer geöffneten Kiste vor sich. Lea geht zu ihr. So eine Kiste hat sie noch nie gesehen.

„Was ist das für eine Kiste?", fragt Lea, die jetzt neben Oma Gitti steht. „Das ist mein Schmuckkästchen, mein Schatz", sagt Oma Gitti.

„Ein Schmuckkästchen? Was macht man damit?", fragt Lea neugierig. „Darin bewahre ich meine ganzen Ketten, Ringe, Broschen, und Ohrringe auf. Magst du sie dir mal ansehen?", fragt Oma Gitti. „Oh ja!", lächelt Lea.

Ganz wie bei den Gemälden an den Wänden entdeckt sie eine Vielfalt an Farben und Formen. Blaue Steine, funkelnde Kristalle, bunte Broschen und wunderschöne Ringe. „Wow", sagt Lea ganz erstaunt. „Und warum hast du sie in dem Kästchen?", fragt sie.

„Weißt du, ich habe diese Schmuckstücke schon sehr lange und sie bedeuten mir sehr viel. Es sind nicht nur Ketten und Ringe für mich, sondern jedes Einzelne hat auch seine ganz eigene Geschichte.", sagt Oma Gitti und lächelt dabei mit einer gewissen Vorfreude.

Lea ist natürlich schrecklich neugierig, denn sie hatte ja schon Geschichten gehört, in denen von Gold und

Perlen die Rede war, die in irgendeiner Höhle versteckt waren und nur von Helden gefunden werden konnten, wenn sie viele Hindernisse überwunden hatten.

Am liebsten würde sie die Schachtel auf den Kopf stellen und ausleeren, um darin zu wühlen, doch Oma Gitti sagt: „Schätze sind sehr kostbar und man muss behutsam mit ihnen umgehen, sonst kann man ihren Wert nicht verstehen."

Lea kann nicht ganz begreifen, was Oma Gitti ihr damit sagen möchte. Da sagt sie weiter: „Wenn Du deine Neugierde bezähmst, dann kannst du jedes Mal, wenn Du zu mir kommst, einen kleinen Schatz herausnehmen, und ich erzähle dir die dazu passende Geschichte.".

Jetzt freut sich Lea umso mehr auf die kommenden Besuche bei Oma Gitti und versinkt bereits mit ihrem nächsten Blick und einem herzhaften, „Oh ja!", tief in dem Schmuckkästchen.

Neben all dem funkelnden Schmuck fällt ihr Blick auf eine wohl sehr alte Kette, die vermutlich schon bessere Tage gesehen hatte. Sie nimmt sie heraus und hält sie gegen die Sonne. „Was ist denn das für eine Kette, Oma Gitti?", fragte sie.

„Das ist eine ganz besondere Kette, ohne die es wahrscheinlich all das hier nicht geben würde, liebe Lea", sagt Oma Gitti nachdenklich. „Wirklich?", fragt Lea ganz erstaunt darüber, was denn an dieser alten Kette wohl so besonders sein könnte. „Oh du wirst es nicht glauben!", antwortet Oma Gitti und fängt an zu lachen. „Komm, ich erzähl dir die Geschichte vom grünen Haus.".

Eine Geschichte über

Mut: Das Grüne Haus

Oma Gitti beginnt zu erzählen:

„Es war damals eine verrückte Idee, und alle unsere Freunde schüttelten darüber den Kopf: Wir wollten mitten in die Wildnis einen Gartenpavillon stellen, zu dem es weder eine Zufahrt noch Wasser, Strom oder einen Kanal gab. Um zu unserem Grundstück zu gelangen, musste man sich durch ein Gestrüpp von Disteln, Dornen, Kletten und Brennnesseln kämpfen, oder – wie alle meinten – am besten einfach mit dem Hubschrauber anreisen.

Dennoch wollten wir dieses Stück Land für uns und unsere zukünftige Familie „erobern" und einen ersten Schritt in unsere neue Zukunft wagen. Allerdings war noch gar nicht sichergestellt, ob wir auf dem Grundstück jemals ein Haus bauen dürften, da weder der Verlauf einer Zufahrtsstraße noch die nötigen Zuleitungen geplant waren. Dennoch, wir wagten diesen ersten Schritt ins Ungewisse und kamen natürlich nicht unvorbereitet.

Als erstes entwarfen wir einen sechseckigen Pavillon mit einer gemütlichen Sitzbank darin, und beauftragten einen Zimmermann mit der Durchführung. Auf die Spitze des Daches setzten wir einen Wetterhahn, der uns anzeigen sollte, aus welcher Richtung der Wind gerade kam – auch heute noch haben wir einfach eine große Freude daran dem Hahn dabei zuzusehen, wie er mit dem Wind tanzt.

Der Pavillon wurde dunkelgrün angestrichen und hieß seither „Das grüne Haus". Um unseren Bedarf an Wasser zu stillen, legten wir einen Schlauch zum benachbarten Garten. Beim lauten Zuruf, „Bitte aufdrehen", drehten unsere Nachbarn den Wasserhahn auf und das Wasser floss bis wir, „Bitte zudrehen", riefen. So verbrachten wir unsere ersten Wochenenden im grünen Haus und schmiedeten Pläne, wie wir aus der Wildnis um uns herum einmal einen Garten machen oder sogar ein Haus darauf bauen könnten.

Freunde kamen zu Besuch und waren begeistert von der Einfachheit dieses Lebens, denn wir konnten ihnen die gewohnten und aufwendigen kulinarischen Genüsse der Großstadt hier nicht bieten, sondern bestenfalls ein selbst gebackenes Brot.

Dafür hatten wir mehr Zeit und Freude an guten Gesprächen und den Austausch über unsere fantasievollen Ideen der Gartengestaltung.

Heute, liebe Lea, steht das grüne Haus natürlich immer noch im Garten. Von ihm aus hast du diesen wunderschönen Blick über den Rasen, bis hin zum Pool und unserem Haus.

Für mich ist dieser Anblick immer noch sehr inspirierend und gibt Anlass, Abstand zu gewinnen und manche Dinge dadurch aus einem anderen Blickwinkel zu sehen. Damals war alles nur eine Vorstellung, aber wir haben uns getraut, diesen ersten Schritt zu wagen.

An der Kette, die du herausgesucht hast, trug ich immer den Schlüssel zum grünen Haus.‘‘

Egal
wovon du träumst,
traue dich immer
den ersten Schritt
zu wagen.

Er ist der Wichtigste
von allen.

EINE GESCHICHTE ÜBER DAS
VERGEBEN: DER BITTERSÜßE BERGKRISTALL

Am darauffolgenden Samstag stürmt Lea bei der Tür herein: "Oma Gitti, können wir nicht gleich zum Schmuckkästchen gehen und erst nachher essen?". "Nur langsam, du bist ja genauso wild wie mein kleiner Bruder in deinem Alter", antwortet Oma Gitti. "Kannst du mir während des Essens von ihm erzählen?", fragt Lea. "Na schön, aber nur unter der Bedingung, dass du danach in der Schmuckkiste den dazu passenden Gegenstand findest!". Lea nickt zustimmend, woraufhin Oma Gitti den Apfelstrudel auf den Tisch stellt und zu erzählen beginnt:

„Als mein kleiner Bruder geboren wurde, war ich schon etwas älter als du jetzt bist. Ich liebte diesen kleinen Burschen von Anfang an und war stolz, wenn ich ihn im Kinderwagen spazieren fahren durfte und man mich dabei für seine Mama hielt. Selbstverständlich spielte ich Babysitterin, wenn die Eltern

20

abends ausgehen wollten. Aber er wurde größer und forderte mich manchmal ganz schön heraus. Als ich ihn noch im Halbschlaf mit seinen kleinen nackten Füßen um halb sechs Uhr morgens mit seinem Bilderbuch unter dem Arm vor meinem Zimmer trappeln hörte, war es mit dem Schlafen für mich vorbei. Er schlüpfte zu mir unter die Decke und bat mich, ihm etwas vorzulesen.

Das ging eine Weile gut, doch dann musste ich unter seinen heftigen Protesten *doch* endlich aufstehen und mich für die Schule fertig machen. Wenn ich dann von der Schule nach Hause kam und meine schwere Schultasche etwas heftiger auf den Boden stellte, ermahnte mich Mutti immer leise zu sein, denn der Kleine sei gerade eingeschlafen. Ich hatte mir damals angewöhnt, am Nachmittag nur auf Zehenspitzen durchs Haus zu gehen, um nur ja den Kleinen nicht aufzuwecken. Wenn er allerdings dann aufwachte und ich mich gerade auf meine Aufgaben konzentrieren wollte, kam er zu mir gelaufen, setzte sich mit einem Bleistift bewaffnet auf meinen Schoß und wollte auch in meine Hefte kritzeln.

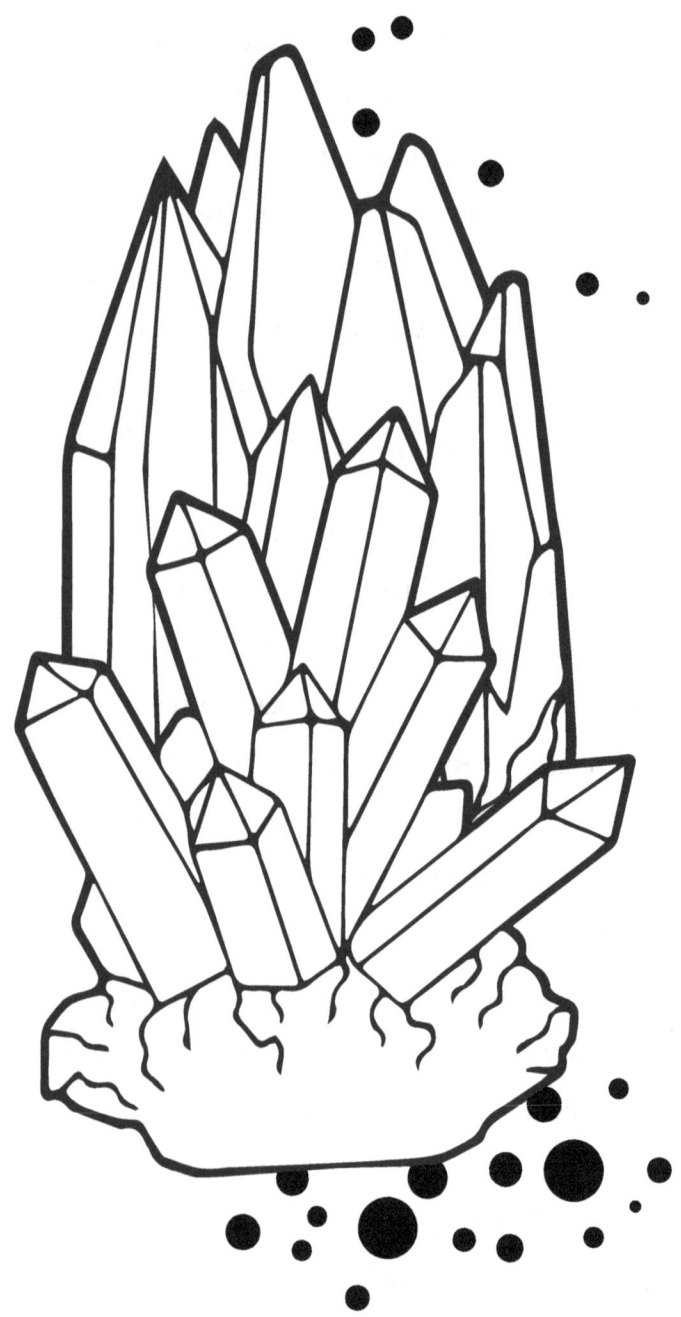

Setzte ich mich ans Klavier, um meine Mozartsonaten zu üben, patschte er mit seinen kleinen Händchen kräftig in die Tasten und freute sich, wenn es so richtig laut wurde, und ich ihm notgedrungen wieder meine Aufmerksamkeit schenkte.

An einem Abend war ich wieder allein mit meinem kleinen Bruder zu Hause. Ein Gewitter zog auf und Mutti hatte mich ermahnt in seiner Nähe zu bleiben, damit er sich nicht fürchtet. Als ich beim ersten Donnergrollen zusammenzuckte, streckte der Kleine seine Ärmchen aus und sagte: „Wenn Du Angst hast, dann komm zu mir, ich beschütze Dich." Das fand ich so rührend, dass ich ihm alle Situationen verzieh, bei denen er mich genervt hatte.

Einmal im Sommer durfte ich die Tropfsteinhöhlen in der Nähe unseres Ferienortes besuchen, allerdings unter der Bedingung, dass ich meinen kleinen Bruder mitnahm. Er versprach auch artig zu sein und mir zu folgen. Die Treppen im Inneren der Höhle waren rutschig und gefährlich, und der Führer ermahnte immer wieder, man solle nicht vom Weg abkommen. Der Kleine folgte aber nicht und probierte immer wieder mit dem Fuß aus, wie sich der glitschige Boden anfühlte. Dabei wollte er sich von meiner Hand losreißen. Ich hatte schreckliche Angst, dass er mir entgleiten und in einen der tiefen Spalten abrutschen könnte.

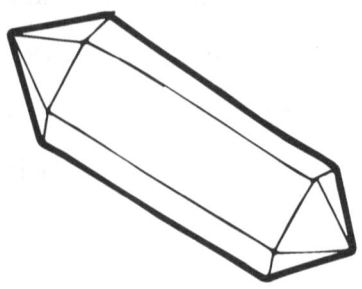

Als wir endlich wieder ans Tageslicht kamen, war ich so richtig fertig. Vor dem Höhleneingang war ein kleiner Markt eingerichtet, wo man Souvenirs kaufen konnte. Mir gefielen die glitzernden Bergkristalle besonders gut. Da kaufte mir mein kleiner Bruder ein wunderschönes Exemplar von seinem Taschengeld.

Wahrscheinlich wollte er sich damit bei mir für die Sorge entschuldigen, die er mir zuvor bereitet hatte. Ich war so gerührt von dieser Geste, dass ich ihm nicht mehr böse sein konnte.

Später ließ ich mir aus dem Bergkristall einen Anhänger für mein Trachtenarmband machen. Ich bin neugierig, ob du es in dem Schmuckkästchen finden wirst."

Natürlich springt Lea geradewegs vom Tisch auf und hechtet die Treppe nach oben in Oma Gitti's Zimmer zum Schmuckkästchen. Dort kramt sie in den Schätzen so lange bis sie ein helles Klingen hört. Da zieht sie Oma Gitti's Trachtenarmband heraus und freute sich an dem schönen Funkeln des Bergkristalls im Licht und den kleinen silbernen Anhängern, die wie Glöckchen daran schlagen.

Da sagt Oma Gitti: „Wenn du einmal jemanden genervt oder dich schlecht benommen hast, kannst du mit einer kleinen Geste der Entschuldigung vieles wieder gut machen. Es muss ja nicht unbedingt ein Bergkristall sein. Eine Zeichnung, ein Brief oder eine Umarmung sind oft sogar viel besser, wenn sie nur von Herzen kommen."

Eine kleine Geste
zur Wiedergutmachung
kann eine gute Beziehung
wiederherstellen.

Eine Geschichte darüber, wie

Liebe verbindet: Die Sprache des Herzens

Noch tief beeindruckt von dem Fund des Bergkristalls am vergangenen Wochenende, sitzt Lea heute ganz aufgeregt neben Oma Gitti vor dem geöffneten Schmuckkästchen. Heute muss sie nicht lange suchen, denn ihr Blick fällt auf einen Anhänger mit einem kleinen Herzchen. Mit fragenden Augen schaut sie Oma Gitti an und sie beginnt mit der Geschichte:

„Vor ein paar Jahren bekam ich einen Brief aus München mit einer Einladung zu einer Tasse Tee von einem mir unbekannten Absender. Zuerst konnte ich mir nicht erklären, wie ich zu dieser Ehre kam, doch als der Briefschreiber ein Gedicht von dem russischen Schriftsteller Puschkin erwähnte, durch das ich ihm und seiner Frau in einem schweren Augenblick ihres Lebens so viel Freude gemacht hätte, erinnerte ich mich an eine Begebenheit die schon viele Jahre zurück lag.

Damals unterstütze ich ehrenamtlich eine Organisation für hilfsbedürftige Menschen. Eines Tages wurde ich gebeten, mich um ein russisches Ehepaar zu kümmern, das gerade neu in Wien angekommen war und noch kein Deutsch sprechen konnte. Ich hatte in der Schule zwar etwas Russisch gelernt–eigentlich um die Angst zu überwinden, die ich als Kind vor den russischen Besatzungssoldaten mit ihren dicken Pelz-mützen und schweren Stiefeln gehabt hatte, doch war mir vom damaligen Unterricht nicht mehr viel im Gedächtnis geblieben. Wir hatten immer nur schwer verständliche literarische Texte lesen und dann mühsam übersetzen müssen.

Ich fuhr also mit gemischten Gefühlen nach Wien und versuchte mir aus der Erinnerung einige Worte der Begrüßung zusammenzustellen, doch sie wollten mir einfach nicht einfallen.

Ich erkannte die Beiden bereits aus der Ferne an ihrem auffallenden Kleidungsstil und winkte ihnen zu.

Da war ich nun und das einzige, was mir dann als ich ihnen gegenüberstand, blitzartig einfiel, war dieses gewisse Liebesgedicht von Alexander Puschkin, welches ich auswendig zur Begrüßung aufsagte. Ich hatte mich damit selbst überrascht!

Zu meinem Erstaunen sah ich, wie sich die Augen der Frau dabei mit Tränen füllten. Als ich mit meinem Text fertig war, begann sie als Antwort darauf dasselbe Gedicht zu singen. Danach fielen wir uns in die Arme, und damit erübrigten sich alle weiteren Gespräche. Wir hatten zueinander gefunden, was den Beiden in dieser Situation einfach *alles* bedeutete, denn sie fühlten sich geborgen, willkommen und in Sicherheit.

Dann nahm ich die beiden zum Tee trinken mit nach Hause. Während wir uns mit Händen und Füßen gut unterhielten, haben wir das Liebesgedicht von Puschkin immer wieder zitiert:
Eine außergewöhnliche Art der Verständigung, doch wie Balsam für unsere Seelen.

Als wir uns dann Jahre später wieder zum Tee trafen, gab mir die russische Frau als Dankeschön und Erinnerung an unsere erste Begegnung, diesen kleinen Goldanhänger mit dem Herzchen.", sagt Oma Gitti und schmunzelt.

Wer mit dem
Herzen spricht,
der braucht kein
Wörterbuch.

Eine Geschichte über das

Dran bleiben: Meine ersten Margeriten

Heute liegt Lea wieder einmal im Garten bei Oma Gitti und genießt die wohltuenden Sonnenstrahlen auf ihrem Gesicht, als sich plötzlich ein Schatten über ihr auftut. Sie öffnet die Augen und erblickt Oma Gitti, die ihr eine ovale Brosche aus Holz entgegenstreckt, die mit weißen Blumen bemalt war. „Heute, dachte ich mir, würde *diese* Geschichte ganz gut passen. Möchtest du sie hören?", fragt Oma Gitti. Lea rutsch zur Seite, um Oma Gitti etwas Platz zu geben. Behutsam macht sie es sich bequem und beginnt zu erzählen:

„Weißt du Lea, bevor unser Haus damals fertig zum Einzug war, träumte ich bereits von einem mit Margeriten übersäten Blumenbeet in unserem Garten. Also kaufte ich Samen, säte sie in kleine Töpfchen, und stellte diese in das Doppelfenster unserer alten Wohnung in der Stadt. Da es dort schön sonnig und warm wie in einem Glashaus war, zeigten sich bald die ersten Triebe. Etwas Zeit verging, und als die Pflänzchen stark genug waren, nahm ich sie mit her in den damals noch ganz neuen Garten vor unserem neuen Zuhause und pflanzte sie in ein kleines Beet.

Das Wetter war herrlich in jenem Mai und es regnete auch genug in der Nacht, sodass ich mir keine Sorgen um das Gießen während der Woche machen musste. Damals fuhren wir ja nur am Wochenende hinaus aus der Stadt, um nach dem Rechten zu sehen.

Wie groß war meine Freude, als nach zwei Wochen die erste Margerite ihr Köpfchen in den Himmel streckte! Ich freute mich schon darauf, am kommenden Wochenende noch mehr davon vorzufinden, so wie du dich jede Woche auf ein neues Schmuckstück aus meinem Kästchen freust.

Doch als wir die Woche darauf wiederkamen, musste ich zu meinem Entsetzen feststellen, dass alle Pflänzchen ausgerissen waren. Es gab nämlich damals noch keinen Zaun um unser Grundstück, und so konnte jedermann frei hineingehen. Offenbar wurden sie also gestohlen. Ich war sehr traurig darüber und musste meinen Traum vom Margeritenbeet wohl vorerst begraben. Ich sage bewusst „vorerst", denn im darauffolgenden Frühjahr sollte ich Zeuge eines Wunders werden:

Das gesamte Blumenbeet war plötzlich übersät mit Margeritenpflänzchen, die auch alsbald heranwuchsen und erblühten, genauso, wie ich es mir immer erträumt hatte. Was war geschehen? Meine erste Margerite muss in unserer Abwesenheit abgeblüht sein und Samen abgeworfen haben, die–von uns unbemerkt–in die Erde gefallen waren.

Dort haben sie auf das nächste Frühjahr gewartet, um zur rechten Zeit darin aufzugehen. Jetzt war ich überglücklich über die Blütenpracht, von der ich nicht nur reichlich etwas weiter verschenken konnte, sondern ich hatte auch etwas für mein Leben aus dieser Geschichte gelernt:

Es ist niemals vergeblich, den „guten Samen" ausgesät zu haben, auch wenn wir manchmal glauben, dass alles Reden und Bemühen zu nichts geführt hat und die Lage aussichtslos erscheint. Wer weiß, ob nicht im Verborgenen doch etwas hängen geblieben ist und zu seiner Zeit – ohne unser weiteres Zutun – zum Tragen kommt?"

Es ist niemals
vergeblich
den guten Samen
zu säen.

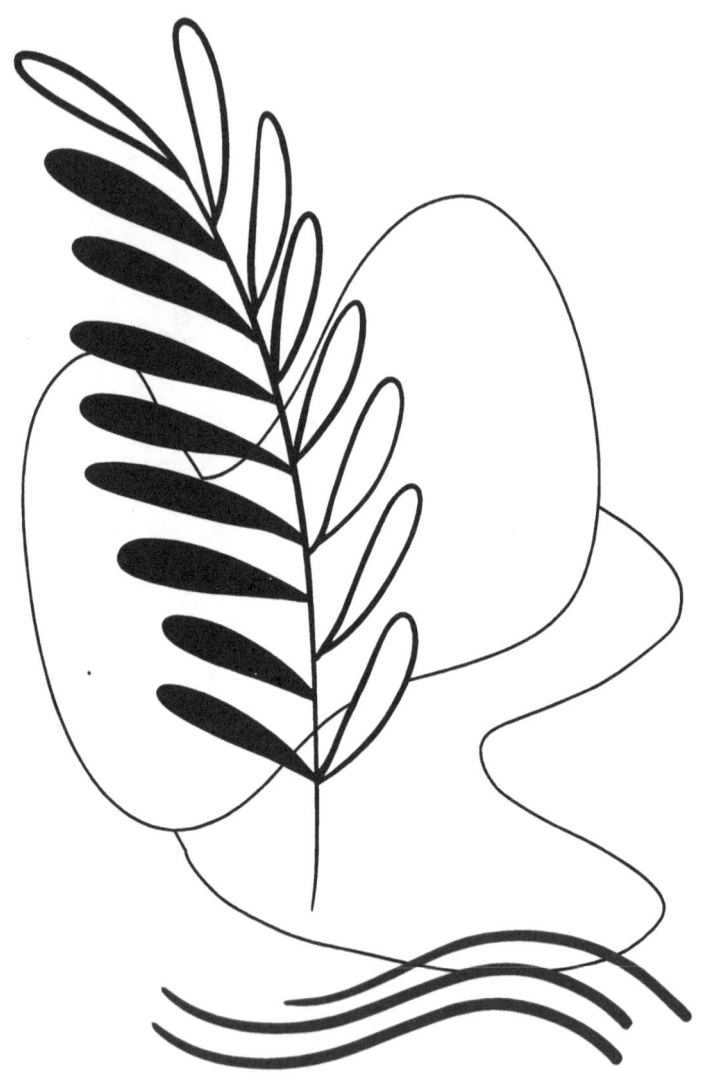

EINE GESCHICHTE ÜBER DAS
TRÄUME ERFÜLLEN: MÄDCHENTRÄUME WERDEN WAHR

Am heutigen Samstag Abend darf Lea sogar bei Oma Gitti übernachten und hatte bereits zwei Tage zuvor über Mama ausrichten lassen, dass sie sich doch so sehr eine Gute Nacht Geschichte aus dem Schmuckkästchen wünscht.

Jetzt liegt Lea bereits mit geputzten Zähnen im Bett und kuschelt sich gerade so richtig in die herrlich flauschige Bettdecke ein, als Oma Gitti zur Tür hereinkommt. In der Hand hält sie einen kleinen knallroten Anstecker mit einer fast pfeilartigen Form. Irgendwie kommt diese Lea bekannt vor, aber es will ihr nicht einfallen. Da setzt sich Oma Gitti bereits zu ihr ans Bett, streichelt ihr über das Haar und beginnt zu erzählen:

„Weißt du Lea, ich beneide dich ein bisschen. Es liegt noch so viel vor dir und es gibt so viel zu entdecken. So viel, von dem du heute schon träumen kannst.

Ich hatte in deinem Alter immer von einem ganz außergewöhnlichen Beruf geträumt: Ich stellte mir immer vor, wie herrlich es sein müsste, als Flugbegleiterin in der ganzen Welt herumzukommen.

Als ich zwanzig Jahre alt war, bewarb ich mich daher bei verschiedenen Fluggesellschaften. Da man damals aber erst mit einundzwanzig volljährig wurde, und nicht mit achtzehn wie heute, musste ich meine Eltern um Erlaubnis fragen. Diese waren aber, aus mir bis heute unerklärlichen Gründen absolut dagegen, und so musste ich mich nach Alternativen umsehen.

Viele Jahre später aber, als deine Tante Julia Flugbegleiterin bei der größten Fluggesellschaft des Landes wurde und wir als Eltern in den Genuss günstiger Flüge kamen, freute ich mich sehr. Wie erstaunt war ich jedoch, als sie mir zu meinem fünfundfünfzigsten Geburtstag einen dicken offiziellen Brief von der Fluggesellschaft überreichte. Darin befand sich eine persönliche Einladung, einen Tag lang Flugbegleiterin auf dem Flug in meine Lieblingsdestination, Paris, sein zu dürfen. Ich war überwältigt.

Schon am nächsten Tag sollte ich mich zum Einführungstraining am Flughafen einfinden. Und tatsächlich bekam ich eine komplette Schulung samt Uniform verpasst. Dabei wurde ich fotografiert und gefilmt. Ich kam mir vor wie im Traum.

Am Tag darauf ging es nach Paris. Als ordentliches Mitglied der Crew hatte ich alle *procedures* zu durchlaufen. Das fiel mir aber leicht, da die Crew aus lauter Damen bestand, die ich als Freundinnen meiner Tochter bereits gut kannte. Wir hatten also jederzeit einen unheimlichen Spaß.

Als wir mit einiger Verspätung am Abend in Paris landeten, holte uns ein von deinem lieben Opa bestelltes Großraumtaxi zu einer kleinen Stadtrundfahrt ab. Wir sahen gerade noch den Eiffelturm in voller Beleuchtung, bevor sie um Mitternacht erlosch. Im Tuileriengarten stiegen wir aus und genossen den Blick über die Champs-Élysées bis zum Triumphbogen. Dabei stellten sich die Damen auf und verwiesen auf alle Straßen, die von hier ausgingen, so wie sie es normalerweise im Flugzeug machen, um die Notausgänge zu erklären. Es war einfach köstlich! Als uns der Chauffeur wieder ins Hotel am Flughafen zurückbrachte, meinte er, wir wären die fröhlichste Gruppe, die er je durch Paris gefahren hätte.

Die Nacht war kurz, denn um fünf Uhr hieß es wieder aufstehen, um den Rückflug anzutreten. Als wir das Flugzeug betraten, lag da die Morgenausgabe der Tageszeitung mit unserer Geschichte unter dem Titel „Die *jüngste'* Flugbegleiterin". Welch eine Überraschung!

Als wir nach unserer Ankunft in Wien das Flugzeug verließen, überreichte mir der Kapitän auch noch einen Blumenstrauß und wünschte mir alles Gute zum Geburtstag. Ich war so glücklich und dankbar!

Danach im Bus trafen wir auf eine Crew, die eben müde von einem anderen Flug zurückkehrte und sich über unsere lachenden Gesichter wunderte. Nachdem sie unsere Geschichte gehört hatten wurde ihnen bewusst, dass sie eigentlich allen Grund hatten, für ihren Beruf sehr dankbar zu sein."

Es ist nie zu spät,
wenn Träume,
die man selbst schon
lange vergessen hat,
durch einen
liebenden Menschen
wahr werden.

Eine Geschichte über das
Niemals alleine sein: Engel

Es ist gerade erst kurz nach sechs Uhr am Sonntag Morgen, als Lea aus einem herrlichen Traum erwacht. Sie träumte, sie sei mit Oma Gitti nach Paris gereist, um sich zusammen die Stadt anzusehen. Am Eifelturm angekommen konnte sie sogar, wie von Engeln getragen, durch die Lüfte fliegen und so einen herrlichen Blick über die Stadt der Liebe erhaschen.

Sie kriecht unter der Decke hervor und macht sich auf Zehenspitzen auf den Weg zu Oma Gitti's Zimmer, um nachzusehen, ob sie vielleicht schon wach ist, um ihr natürlich sofort von dem tollen Traum erzählen zu können. Und tatsächlich ist auch Oma Gitti bereits wach und liest gerade etwas vertieft in ihrem Bett.

„Oma Gitti, ich hatte einen ganz tollen Traum. Wir waren gemeinsam in Paris und ich konnte fliegen wie ein Engel! Haben Engel eigentlich immer Flügel?", fragt Lea währen sie sich zu Oma Gitti ins Bett kuschelt.

„Wir waren gemeinsam in Paris? Ach, wie schön! Das sollten wir uns wirklich einmal vornehmen.", sagt Oma Gitti schmunzelnd während sie die Kissen etwas aufrichtet. „Ob Engel immer Flügel haben? Der an meinem Lesezeichen hier jedenfalls schon." Sagt Oma Gitti und zeigt Lea den kleinen Engelsanhänger an ihrem metallenen Lesezeichen. „Aber ich kann dir auf jeden Fall versichern, dass manche von ihnen mit dem Motorrad fahren!"

„Mit dem Motorrad?", fragt Lea völlig verdutzt und schaut Oma Gitti mit hochgezogener Augenbraue an.

„Aber ja! Warum denn auch nicht. Ich erzähl dir die Geschichte:

Es fand alles in den 1950er Jahren statt. Wer es sich damals leisten konnte, fuhr in den Süden nach Italien und kehrte mit vielen bewunderten Trophäen zurück: leckeren Köstlichkeiten, Schuhen aus feinstem Leder, dazu passenden Gürteln und Taschen und vieles mehr. Ich sah mit Begeisterung die Vorträge solcher Reisender und träumte davon, auch einmal in das Land zu fahren, wo die Zitronen blühen.

Endlich, wenn auch mit einiger Verspätung, war es auch bei uns so weit und wir machten uns mit der ganzen Familie auf die Reise, zu fünft in einem kleinen Wagen, ich hinten in der Mitte gut verkeilt.

Kaum hatten wir die Grenze passiert, begann es zu regnen. Wir machten Witze darüber, wie auch sonst ein „gelungener" Urlaubsbeginn besser verlaufen könnte. Dein Urgroßvater meinte noch, das Auto einer italienischen Automarke fühlte sich spürbar wohl in seiner angestammten Heimat, und dann geschah ganz schnell: in einer Linkskurve glitt der Wagen gegen einen Randstein, überschlug sich und kollerte einen Hang hinunter.

Es rumpelte fürchterlich, Glassplitter wirbelten durch den Raum und es wurde immer staubiger und heißer im Inneren bis wir endlich mit den Rädern seitlich in der Luft liegen blieben.

Da zwängten sich die Erwachsenen, mit Hilfe herbeigeeilter Leute aus der Umgebung, durch die zerborstene Windschutzscheibe ins Freie, mein kleiner Bruder war durch ein zerbrochenes Fenster auf die Wiese geschleudert worden, doch alle blieben wie durch ein Wunder bis auf kleinere Wunden relativ heil.

Als die Helfer fragten, ob wohl alle schon gerettet seien, bejahte dein Urgroßvater dies, nicht ahnend, dass ich noch auf der rückwärtigen Bank eingezwängt zurückgeblieben war.

Ich hatte natürlich einen Schock und konnte mich kaum rühren. Es schien keinen Ausweg für mich zu geben, hier heil herauszukommen, da inzwischen zu viele Glassplitter überall lagen, an denen ich mich verletzt hätte. Da kurbelte ich mit letzter Kraft das Fenster im hinteren Teil des Wagens herunter und rief um Hilfe, doch keiner konnte mich hören.

Plötzlich tauchten zwei Motorradfahrer auf, stellten schnell ihre Fahrzeuge am Straßenrand ab, und kamen den Hügel heruntergelaufen. Sie kamen direkt zu mir und sahen mir beruhigend in die Augen.

Meine Kräfte verließen mich nach und nach aber ich fühlte bereits, dass sie mich aus der Situation sicher befreien würden. So zogen sie mich im letzten Moment aus der Fensteröffnung denn hinter mir schoss eine Stichflamme aus dem Auto.

Ich fühlte mich erschöpft und dennoch geborgen, als mich die starken Arme des Motorradfahrers umfingen, der mich den Hang hinauftrug.

Oben angekommen stellte er mich auf den Boden fragte mich auf Deutsch, ob ich wohl in der Lage wäre, auf eigenen Füßen zu stehen. Ich konnte ihm kaum antworten, als ich sah, wie das Auto explodierte und in Flammen aufging.

Als ich mich umdrehte, um meinen Lebensrettern zu danken, waren diese spurlos verschwunden. Bis heute bleibt es uns ein Rätsel, denn niemand von den Anwesenden hatte irgendwelche Motorradfahrer gesehen oder gehört.

Doch ich bin mir sicher, es müssen dann wohl Engel gewesen sein."

Wenn auch Menschen
auf Dich vergessen,
so gibt es einen Vater im
Himmel, der auf Dich
schaut und Dir
unerwartete Hilfe
zukommen lässt.

ACHTSAMKEIT: EINE ENTDECKUNG IN SALZBURG

Vor dem geöffneten Schmuckkästchen sitzend, fällt Lea's Blick auf einen kleinen Umschlag, der ganz unscheinbar unter einigen Ketten zum Vorschein kommt. Sie nimmt ihn heraus, öffnet ihn und findet darin eine kupferne Münze mit einer verspielten Prägung. Sie sieht Mozart, Musiknoten, ein Dirndl und eine Burgsilhouette. Am oberen Rand der Münze liest sie laut, „Salzburg", vor.

„Oh du hast die Salzburger Münze gefunden", sagt Oma Gitti, die auf dem Bett liegt und jetzt ihr Buch beiseitelegt. „Das war wirklich ein schöner Ausflug. Ich muss ungefähr in deinem Alter gewesen sein, als ich mit meiner Großmama an den Mattsee in den Sommerurlaub fuhr. Da aber nicht immer Badewetter war, was ich als echte Badenixe sehr bedauerte, suchte meine Großmama nach einer Abwechslung für mich und schlug einen Besuch in der nahe gelegenen Stadt Salzburg vor. Ich fand, dass dies eine tolle Idee war, und so nahmen wir direkt den nächsten Bus.

Schon aus der Ferne konnte ich die über der Stadt thronende Festung Hohensalzburg sehen–das ist Burg auf der Münze in deinen Händen. Ein toller Anblick. Wir schlenderten durch die Stadt und ich staunte über die vielen Schilder und Geschäfte in den engen Gassen. Wir besuchten Mozarts Geburtshaus, hörten das Glockenspiel einer Kirche und betraten ehrfurchtsvoll den Dom. Wir warfen einen Blick in die Felsenreitschule, erhaschten da und dort die engelshaften Klänge einer Orchesterprobe, die durch die Gassen schwebten, und erreichten schließlich den Schrägaufzug steil hinauf zur Festung. Meine Großmama bestand jedoch darauf, zu Fuß hinaufzugehen und lockte mich mit dem Versprechen, ich würde da oben sicherlich für die Mühen des Aufstiegs belohnt werden, vielleicht sogar mit einem leckeren Eis.

Als wir keuchend und schwitzend endlich oben angelangt waren, war ich zwar von der herrlichen Aussicht überwältigt, doch da war noch etwas, das meine Aufmerksamkeit in besonderer Weise auf sich zog: Überall saßen Maler mit ihren Zeichenbrettern und malten. Ich beobachtete, dass ihr Blick immer wieder lange auf einen bestimmten Punkt konzentriert war bevor sie weiterarbeiteten.

Als ich mich schüchtern an einen von ihnen heranwagte und ihn fragte, was hier stattfinden würde, antwortete er mir, dies sei die „Schule des Sehens". Es handelte sich hier also um mehr als nur einen Malkurs. Ich war tief beeindruckt von der Tatsache, dass man richtig Sehen lernen konnte.

Dieser Gedanke lässt mich bis heute nicht mehr los, denn er bedeutete, dass man zwar sehen und dabei doch nicht sehen kann. Dies galt für mich schon damals auch im übertragenen Sinn. Selbstverständlich wollte ich sehen, vor allem Schönes sehen, und es auch zu Papier und auf die Leinwand bringen.

Als ich dann selbst Jahre später intensiv zu malen begann, begriff ich, welche kostbare Entdeckung ich hoch über der Stadt Salzburg gemacht hatte – der Blickwinkel und Fokus sind im Leben einfach oft entscheidend."

Übe
das richtige Sehen
und sei offen dafür
den Blickwinkel
zu wechseln.

Eine Geschichte über das
Teilen: Die beste Baguette

Der Duft von frisch gebackenem Brot lockt Lea an diesem herrlichen Sonntag Morgen in die Küche zu Oma Gitti. Da steht sie, vor dem geöffneten Backofen, aus dem sie gerade vier knusprige Baguetten heraus holt, deren wohlig molliger Duft sofort den ganzen Raum erfüllt. „Na mein Schatz, Appetit bekommen?", sagt sie und lächelt Lea an.

„Weißt du, nicht jeder kleine Schatz muss aus dem Schmuckkästchen kommen. Manche kommen auch aus dem Backofen. Jedes Mal, wenn ich in Paris bin, kann ich nicht umhin, einer bestimmten Bäckerei einen Besuch abzustatten. Dort gibt es nämlich die für meinen Geschmack besten Baguetten. Die Pariser unterscheiden dabei streng zwischen einer *baguette artisan*, das heißt einer vom Bäcker mit der Hand gemachten und einer kommerziellen, wie man sie im Supermarkt kaufen kann. Und dann gibt es noch eine Spezialität, nämlich die *baguette tradition* nach altem Rezept, die noch dazu besonders knusprig ist und spitze Enden hat.

Bei meinem letzten Besuch fuhr ich mit dem Bus Nr. 80, nachdem ich meine Runden auf der Champs-Élysées gedreht hatte, an der Nordseite des Montmartre hinauf. Dort angekommen gibt es eine besondere *boulangerie*, die man auch mit geschlossenen Augen finden würde, indem man nur der Nase nach geht und dem herrlichen Duft frischer Baguetten folgt.

Manchmal stehen die Leute Schlange vor dieser Bäckerei, aber diesmal stand da nur ein einziger Mann. Er schien auch keine Anstalten zu machen hineinzugehen. Ich beobachtete nur, wie die Leute, die mit ihrer Baguette unter dem Arm herauskamen, ihn verächtlich ansahen und an ihm vorbei gingen. Als ich näher herankam, hörte ich ihn flüstern: „*J'ai faim!*".

Der Mann hatte also Hunger, und das kümmerte offenbar niemanden.

Ich betrat also die Bäckerei und kaufte mir wie üblich meine Baguette. Doch als ich sie entgegennahm, musste ich an den Mann draußen vor der Tür denken. Da bat ich die Verkäuferin, das Brot in der Hälfte auseinanderzuschneiden. Ich ging mit den beiden Hälften hinaus und gab die eine diesem Mann. Der sah mich mit strahlenden Augen an und sagte von ganzem Herzen *„Merci, Madame"*. Das war ein wirklich schöner Augenblick, den ich nicht vergessen werde.

Ich ging mit meiner zweiten Hälfte weiter den Berg hinauf bis zu einem kleinen Plätzchen mit einer steinernen Sitzbank, von der aus man einen wunderbaren Blick über ganz Paris hat, und ruhte mich von der Anstrengung des relativ steilen Aufstiegs aus. Von der Ferne vernahm ich den rauschenden Lärm und die entspannte Stimmung der vielen Touristen, die sich gerade rund um die Kirche Sacré-Coeur drängten oder den Malern auf dem davor-liegenden Platz über die Schulter schauten.

Da erinnerte mich der köstliche Duft meiner Baguette daran, dass ich sie eigentlich essen sollte, solange sie noch frisch und knusprig war, und biss herzhaft hinein. Ich weiß nicht, warum sie mir diesmal so besonders gut geschmeckt hat. Oder vielleicht doch? Was meinst du?"

Geteiltes
Brot schmeckt
einfach besser.

EINE GESCHICHTE ÜBER DAS
GEDULDIG SEIN: HIMMEL UND ERDE

Oma Gitti steht vor der Staffelei im Atelier und schaut gebannt auf ihr gerade neu angefangenes Bild während Lea die vielen Farbtuben wie einen Regenbogen abschattiert sortiert. „Deine Tubenkiste ist genauso bunt wie dein Schmuckkästchen, Oma Gitti.", stellt Lea fest. Etwas verdutzt über diese Aussage wendet Oma Gitti ihren Blick vom Bild ab und dreht sich zu Lea um. Der Vergleich gefällt ihr.

„Ja, da hast du wohl recht mein Schatz. Ich liebe Farben einfach. Sie spiegeln für mich das Leben wider. Ihre Frische, ihre Tiefe, Kontraste und Akzente—und manchmal ist es gar nicht so einfach, alles in Harmonie zu bringen. Ich weiß noch, als ich mir einmal gerade neue Acrylfarben gekauft hatte, da zog mich die Flasche mit gebrannter Siena in ihren Bann. Siena ist dieser karamellfarbene Erdton, schau sie liegt gleich vor dir. Mit dieser Farbe wollte ich mein neues Bild damals beginnen. Ein goldig-warmer Braunton füllte die ersten Flächen, die ich heller und dunkler abschattierte. Doch plötzlich stockte ich und wusste nicht mehr weiter. Ich fand keinen dazu passende Farbe für die andere Hälfte. Rottöne waren mir zu warm, grün zu dumpf. Unentschlossen ließ ich die Arbeit liegen und verließ mit einem Stoßgebet mein Atelier, ich wollte schließlich noch zu einer Sonderführung in die Albertina, das berühmte Museum in Wien, fahren. Das würde mir Abstand geben und vielleicht käme dadurch die richtige Inspiration. Gut Ding will ja bekanntlich Weile haben.

Als ich endlich nach einstündiger Fahrt dort ankam, teilte man mir mit, dass die Führung abgesagt wäre, aber ich könne ja stattdessen die Prunkräume des Palais besichtigen. Zunächst war ich enttäuscht, nahm aber dann doch die Gelegenheit wahr, einmal nicht nur durch die Räume zu laufen, sondern auch die ausgestellten Bilder an den Wänden näher zu betrachten. Bereits im ersten Raum wartete die Überraschung auf mich: da hing ein Bild des Malers Albrecht Dürer mit dem Namen „Blaurackenflügel".

Ich hatte es schon öfters gesehen–ein feines Aquarell in wunderbar abschattierten Braun- und Blautönen, deren Intensität mich plötzlich direkt ansprach. Da hatte ich meine Antwort: Blau war die Farbe, die ich für mein Bild als Ergänzung zur gebrannten Siena verwenden sollte! Das würde die gesuchte Harmonie herstellen! Im Gefieder des dargestellten Vogels, der zwischen Himmel und Erde schwebt, fand ich auch die Entsprechung zu den bereits in meinem Bild angelegten Formen, die ich unbewusst gestaltet hatte.

Wieder mit dieser Inspiration im Atelier angekommen, ging ich frohen Mutes ans Werk und in Windeseile entstand ein neues Kunstwerk. Mit der leuchtenden Siena wollte ich ein Gefühl von Erdverbundenheit vermitteln, während das transparente Blau für Luft, Unendlichkeit und Himmel steht.

Diese beiden gegensätzlichen Elemente durchdringen einander in meinem Bild so wie auch der Geist alles Materielle inspiriert, und bewirkt, dass es Leben und Hoffnung gibt. Die Frage ist nur, inwieweit wir das immer zulassen. Lass also immer Platz für neue Inspiration in deinem Leben, liebe Lea."

—\|/—

Gib dem Geist
Raum zu wirken:
von ihm kommt
Hoffnung, Leben
und Inspiration.

—/|\—

UNABHÄNGIGKEIT: DER WEINSTOCK UND DIE REBEN

Als sich die Familie zum Mittagessen an den Tisch setzt und eine herrlich duftende Quiche serviert wird, fällt Lea der merkwürdig gemaserte Holzarmreifen auf, den heute Oma Gitti's Handgelenk schmückt. „Was ist denn *das* für ein Armreifen, Oma Gitti?", fragt Lea.

„Ha!", sagt Oma Gitti fröhlich. „Ich wusste, dass du fragen wirst, Lea. Der ist aus einem Weinstock gemacht und ich kenne dazu auch eine kleine Geschichte", und so beginnt sie zu erzählen:

„Wie du weißt, liegt direkt neben unserem Haus der wunderschöne Weingarten. Eines frischen Februar-Morgens beobachtete ich, wie die Winzer die langen alten Triebe an den Weinstöcken abschnitten und auf den Boden warfen. Das brachte mich auf die Idee, ein Experiment zu starten: Ich wollte sehen, ob es mir gelingen würde, die abgeschnittenen Triebe im warmen Zimmer früher zum Austreiben zu bringen, als die draußen am Weinstock. Ich ging also hinüber, sammelte ein paar von den abgeschnittenen Trieben vom Boden ein und steckte sie in eine Vase, füllte diese mit genügend Wasser, und wartete ab. Es dauerte nicht lange bis sich die ersten zarten, grünen Spitzen zeigten. Ich war begeistert, denn mein Experiment schien erfolgreich zu sein.

Nach ein paar Wochen setzte auch der Weinstock im im Weingarten seine Triebe an. Inzwischen hatten sich bei mir im Zimmer bereits schöne große Weinblätter entwickelt. Ich fragte mich, ob ich dann wohl auch auf Trauben hoffen und diese bald vernaschen durfte.

Eine Weile geschah nichts Besonderes, außer, dass die Weinstöcke draußen im Weingarten auch schon erkennbare Blätter hatten, zu denen sich bald auch Ansätze von Reben gesellten. An meinen Zweigen suchte ich allerdings vergeblich nach der heranwachsenden Frucht. Stattdessen begannen meine schönen Blätter mit der Zeit an Kraft zu verlieren und ihre Köpfe hängen zu lassen. Schließlich verwelkten sie ganz, und ich musste sie entsorgen. An eine Traubenernte war also nicht zu denken.

Die Weinstöcke draußen entwickelten sich jedoch prächtig und brachten im Herbst bei der Weinlese eine herrliche Ausbeute an reifen, süßen Trauben.

Was habe ich also aus diesem Experiment gelernt?

Getrennt vom Weinstock hatten die Triebe keinen Zugang zu den lebensnotwendigen Ressourcen, die nur er ihnen geben konnte. Im ersten Augenblick hatte es zwar den Anschein, als würden sie im Wasser in der Vase schneller wachsen als die Triebe am Weinstock draußen in der Kälte, doch waren sie nicht fähig, ohne die enge Verbindung zum Weinstock langfristig in der Vase zu überleben, geschweige denn Frucht hervorzubringen. Durch die enge Verbindung zum Stamm, waren die Triebe draußen auch bestens für Temp-eraturschwankungen gerüstet und konnten in seinem Schutz solide heranwachsen, gedeihen und zur rechten Zeit die köstlichsten Reben hervorbringen. Ich muss dabei unweigerlich an das Gleichnis aus der Bibel denken, wo Jesus sagt: „Ich bin der Weinstock und ihr seid die Reben…", du findest es bei Johannes 15/1-7. Es war für mich das erste Mal, dass ich zu verstehen begann, was mit dieser Aussage wohl gemeint sei.

Wie schön zu wissen, dass wir gut gedeihen und süße Frucht in unserem Leben bringen können, wenn wir unsere Kraft aus der richtigen Quelle schöpfen. Vielleicht kannst du dann das ein oder andere Mal jemandem anderen damit weiterhelfen?"

Bleib fest
am wahren Weinstock,
dann wirst du
reichlich Frucht
hervorbringen,
mit der du auch andere
stärken kannst.

EINE GESCHICHTE ÜBER DAS
WACHSEN: UNKRAUT

Heute ist einer der wenigen Tage im Sommer, an denen es regnet. Nein, es plätschert sogar richtig vom Himmel. Lea und Oma Gitti haben es sich deshalb im Wintergarten gemütlich gemacht, wo Lea eine Kette mit ganz vielen Silberfädchen aus dem Schmuckkästchen zieht. „Schau mal Oma Gitti, diese Kette hat doch eine gewisse Ähnlichkeit mit den vielen feinen Grashalmen draussen auf dem Rasen, oder? Hat es eigentlich lange gedauert, bis ihr so einen schönen Rasen bekommen habt und all die schönen Blumen?", fragt Lea.

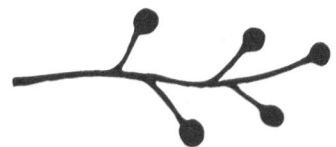

„Allerdings!", sagt Oma Gitti. „Bevor wir überhaupt daran denken konnten einen Garten anzulegen, mussten wir den Boden erst so richtig urbar machen, das heißt Steine und Scherben ausgraben und entsorgen, Unkraut jäten und den Boden begradigen.

Dabei ist mir aufgefallen, dass es ein besonders hartnäckiges Unkraut gab, das ähnlich aussah wie Gras, aber viel härter war als dieses. Beim Ausreißen hat es mich mit seinen scharfen Kanten manchmal richtig geschnitten. Vor allem aber musste ich darauf achten, die unterirdischen Triebe zu erwischen, welche die Erde wie ein Gespinst durchzogen und sie mit kräftigen Spitzen durchbohrten. Wenn auch nur ein Zentimeter davon zurück blieb, vermehrte sich das Unkraut sofort wieder und alle Mühe war umsonst.

Auch bei anderen unliebsamen Pflanzen musste ich darauf achten, sie mit der Wurzel auszureißen, damit sie nicht wieder neu austreiben konnten. Diese Arbeit erinnerte mich daran, dass es auch im menschlichen Leben darauf ankommt, jedes Übel an der Wurzel zu packen und nichts im Herzen zurückzulassen, woraus eine Wurzel von Bitterkeit wachsen könnte.

Ein anderes Phänomen beobachtete ich, als ich daran ging, neue Samen auszusäen. Nach einiger Zeit zeigten

sich die ersten Triebe. Da ich aber die Pflänzchen damals noch nicht so gut kannte, wusste ich nicht, ob es die erwarteten Blumen waren oder aber Unkraut, das gleichzeitig dazu aufging. So kam es vor, dass ich in meinem Eifer leider auch die aufkeimenden Blumen zusammen mit dem Unkraut ausriss.

Das konnte aber wieder nur deshalb geschehen, weil die jungen Triebe des Unkrauts heimtückischerweise den Blumenpflänzchen täuschend ähnlich sahen. Hätte ich bis zur Blüte gewartet, so hätte ich den Unterschied gemerkt und sie nicht mit ausgerissen. Meine Unkenntnis, gepaart mit Ungeduld, hatte also dazu geführt, dass ich zwar ein unkrautfreies Beet hatte, auf dem es aber leider auch keine Blumen mehr gab.

Ist es nicht auch oft so im Leben, liebe Lea, dass wir vorschnell etwas ablehnen anstelle es uns erstmal näher anzusehen bevor wir ein Urteil fällen, und abzuwarten, welche Früchte sich zeigen?

Daran würden wir am sichersten erkennen ob es „Unkraut" oder ein gutes „Pflänzchen" ist."

Urteile
nicht vorschnell:
an den Früchten
wirst du erkennen,
ob etwas gut
oder schlecht war.

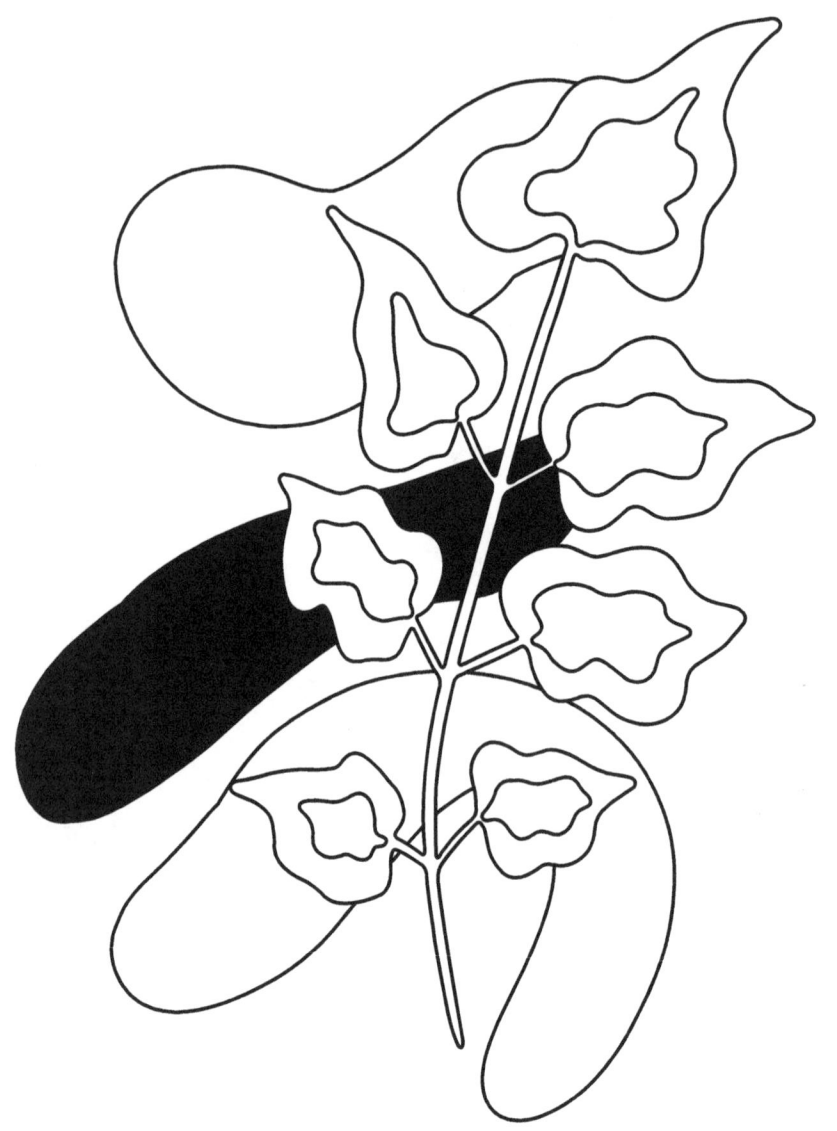

ENTTÄUSCHUNG: KREATIVER AUSBRUCH

Lea kaut genüßlich ihr Butterbrot bedeckt mit frisch geschnittenen Schnittlauchwürfelchen, als sie eine goldene Haarspange in der Vitrine neben dem Esstisch entdeckt. Sie steht auf, öffnet die leise quietschende Tür der Vitrine und betrachtet die Haarspange aus der Nähe. Jetzt erkennt sie auch die Form, es ist ein goldener Pinsel! „Wo hast du die denn her?", fragt Lea Oma Gitti, die eben noch einen spannenden Artikel über den neuen Sportplatz in der Zeitung zu Ende las.

„Oh, die schöne Spange! Ja weißt du, kurz vor meiner Pensionierung konnte ich es einfach nicht mehr aushalten. Nach einer sehr langen Mal- und Zeichenpause zwischen meiner Jugend und heute, musste ich mich einfach wieder künstlerisch betätigen und schrieb mich in einen Aquarell-Malkurs ein. Zu Beginn kam ich mir vor wie ein vertrockneter Garten, auf dessen Boden nichts mehr wuchs. Doch nach und nach schien es mir, als würden Wassertropfen das harte Erdreich aufweichen und zarte Pflänzchen daraus hervorkommen. Unter der behutsamen Führung unseres Lehrers entwickelte ich mich in der Aquarellmalerei immer weiter. Besondere Freude machte es mir, die verschiedensten Arten von Blumen nicht anatomisch korrekt abzumalen, sondern gewissermaßen Blumenporträts zu schaffen. Dabei wandte ich gerne auch die Technik des Auswaschens und Übermalens an, wodurch besondere sphärenhafte Effekte entstanden. Das solltest du auch mal ausprobieren.

Als ich eines Tages eine Ausstellung von Blumenfotos besuchte, erlebte ich allerdings einen für mich großen Schock. Der Fotograf hatte mit einem Klick mindestens ebenso schöne Bilder gemacht, wie ich sie mit meiner Aquarelltechnik nur in mehrstündiger Arbeit zustande brachte. Da beschloss ich, etwas zu machen, was der Fotograf nicht konnte: Ich zerschnitt

kurzerhand meine Aquarelle und klebte die so entstandenen Streifen mit Abständen auf ein neues Blatt Papier. Die dazwischen liegenden Flächen malte ich mit Acrylfarben aus. Dabei entdeckte ich, dass ich mich inzwischen vom ursprünglichen traditionellen Blumenaquarell gedanklich weit entfernt hatte und andere Formen darin zu sehen begann. So folgte ich den vorhandenen Linien in ganz neuer Weise, und aus den ursprünglichen Blumen und Blättern entstanden Körper und Köpfe. Für mich hatte damit eine völlig neue kreative Etappe begonnen.

Dabei kam mir der Gedanke in den Sinn: Ist es nicht auch in unserem Leben manchmal so, dass wir einen gut eingefahrenen Weg verlassen und unsere Komfortzone erweitern müssen, um an neue Ufer zu gelangen?

So kann auch jeder Schock oder jede Enttäuschung zu kreativem Neuen führen und unserem Leben eine neue Richtung geben. Das ist doch toll, oder?

Mit diesem Bild hatte ich dann übrigens bei einem Wettbewerb teilgenommen und als Preis diese goldene Haarspange in Pinselform gewonnen – ein schönes kleines Geschenk, an dem ich mich bis heute noch erfreue."

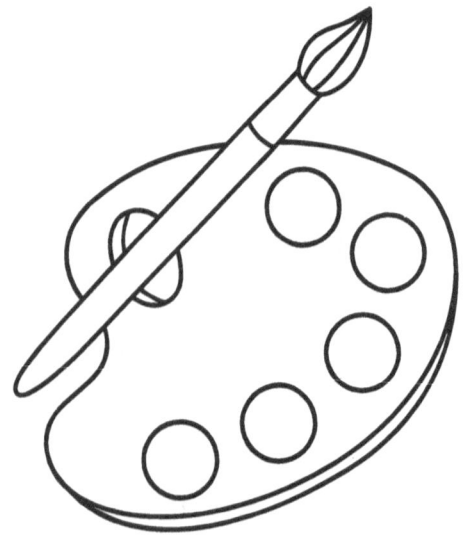

Jede Enttäuschung
kann unserem Leben
eine neue Richtung geben
und uns zu neuer
Kreativität verhelfen.

Eine Geschichte über
Entscheidungen: Platz für Gutes

Der große Birnenbaum im Garten gehört schon seit je her zu den Lieblingsplätzen Lea's. Nicht nur, weil er an heißen Tagen kühlenden Schatten spendet und die Sonnenstrahlen so schön durch die grünen Blätter flackern, sondern natürlich auch, weil er die saftig süßen Früchte hervorbringt. Gerade diese locken aber auch zahlreiche Bienen und Wespen an, die wild umher summen, während Lea und Oma Gitti unter dem Baum liegen und versuchen ein bisschen Ruhe zu finden.

„Die Wespen würden mich ja gar nicht so sehr stören", sagt Oma Gitti, „aber leider gibt es nicht nur nützliche Insekten in unserem Garten, sondern wir haben es auch mit Schädlingen zu tun. Schnecken fressen große Löcher in die Salatpflanzen und höhlen die wenigen Erdbeeren aus, die bei uns wachsen. Blattläuse machen sich an die Rosen heran und scheinen sie daran hindern zu wollen, ihre volle

Blütenpracht zu entfalten. Den blaugrün schillernden Rosenkäfern schmecken nicht nur Rosenblätter vortrefflich. Die Ameisen begnügen sich nicht mit dem, was sie im Garten finden, sondern dringen sogar ganz frech in meine Küche ein, wo sie überall hineinkriechen, wo ich keinen gut schließenden Deckel angebracht habe.

Gegen all diese Bewohner unseres Gartens haben wir also die verschiedensten Maßnahmen ergriffen. Eine besonders raffinierte Art haben wir gegen die Wespen gefunden, die uns auch die herrlich süßen Weintrauben streitig machen wollen:

An einem Weinstock haben wir einen ausgestopften grauen Beutel aufgehängt, der einem natürlichen Wespennest täuschend ähnlich sieht und den Wespen signalisiert, dass hier das Terrain bereits besetzt ist. Das wirkt auf die anfliegenden Wespen abschreckend und sie drehen wieder ab. Schau Lea, dort drüben hängt eines!", sagt Oma Gitti während sie mit ihrem Finger in Richtung des Weinstocks zeigt. Lea hält Ausschau nach dem vorgetäuschten Wespennest. Dabei fällt ihr vor allem Oma Gitti's Ring am Finger auf und sie sagt: „Ja, ich sehe es, toll! Ich finde übrigens dein Ring hat auch ein bisschen die Farben von einer Wespe. Das ist ein schönes Gelb. Der Trick mit dem falschen Wespennest funktioniert also, weil andere Wespen denken, dass der Platz schon besetzt ist?"

„Ja ganz genau, richtig! Da frage ich mich", meint Oma Gitti, „können wir nicht auch in unserem Leben eine ähnliche Beobachtung anstellen, wenn es darum geht, im Kampf gegen allerlei Widerwärtigkeiten und negative Kräfte zu bestehen? Nur wenn wir aufpassen und uns bewusst schützen, kann verhindert werden, dass etwas in unser Innerstes eindringt, das dort nichts zu suchen hat, weil es uns unseren kostbaren Schatz im Herzen rauben möchte.

Wie bei dem Wespennest – wenn wir dem Negativen keine Chance geben, weil der Platz schon mit Gutem besetzt ist, dann hat es keine Chance mehr Platz zu finden. Für mich ist das eine der schönsten Lektionen des Lebens."

Wenn dein Herz
mit Gutem gefüllt ist,
hat das Böse keine Chance
einzudringen.

DANKBARKEIT: MEIN ERSTER GUMMIBALL

Langsam neigt sich der Sommer dem Ende zu und die Abende werden bereits kürzer und frischer, als Lea eine Kette mit einem großen orangenen Anhänger aus Oma Gitti's Schmuckkästchen heraus anfunkelt. Mit der Kette um den Hals geht sie nach unten zu Oma Gitti in die Küche, wo bereits wieder köstlichst gekocht wird.

„Oh, da hast du eines meiner absoluten Lieblingsstücke entdeckt!", freut sich Oma Gitti. „Weißt du, diese Kette erinnert mich immer an eine Geschichte aus meiner Kindheit. Damals war es keine einfache Zeit für uns und ich hätte so gerne einen eigenen Ball zum Spielen gehabt, doch im Wien der Nachkriegszeit war das nicht so einfach. Meine Großmama erbarmte sich meiner und nähte aus Stoffresten ein rundes Etwas, das mit zusammengeknülltem Zeitungspapier ausgestopft wurde. Nun konnte ich zwar diesen Fetzenball in die Luft werfen und wieder auffangen, doch wenn er auf den Boden fiel, blieb er liegen. Dabei hätte ich so gerne einen Gummiball gehabt, der wieder aufspringen würde.

Eines Tages waren wir wieder einmal zu Besuch bei meiner Großmama, wo es immer herrlichen Mohnstrudel gab, eine Köstlichkeit besonders in jener Zeit. Leider durften wir nichts davon mit nach Hause nehmen, denn noch gab es Wachposten, die alle Taschen kontrollierten, ob wohl keine Lebensmittel von einer Zone der Stadt in die andere geschmuggelt wurden.

Bei Einbruch der Dunkelheit traten wir wie immer zu Fuß den Heimweg an. Dabei mussten wir an einem großen, düsteren Gebäude entlang, vor dem ich mich immer ein wenig fürchtete.

Plötzlich kam ein amerikanischer Besatzungssoldat an uns vorbei und drückte mir wortlos etwas Rundes in die Hand. Ich war so überrascht, dass ich kaum wagte, dieses Ding anzusehen. Aus meiner kindlichen Perspektive sah ich nur den Amerikaner in seinen Uniformhosen mit exakten Bügelfalten in der Finsternis verschwinden.

Als ich endlich meine Hand öffnete, um zu sehen, was ich da bekommen hatte, freute ich mich unbändig. Sollte das der Ball sein, den ich mir immer gewünscht hatte? Hoffentlich würde man ihn mir nicht bei der Kontrolle wegnehmen. Doch ich hatte Glück. Zu Hause angekommen zeigte ich meine Trophäe der Familie, die große Augen machte. Meine Mutti eilte in die Küche und holte ein Messer. Dann legte sie meinen Ball auf einen Teller und ritzte zu meinem großen Entsetzen damit seine Oberfläche ein.

Danach schälte sie die Schale ab und teilte das Innerste in einzelne Spalten. Alle waren hell begeistert von der saftigen Frucht, die zum Vorschein kam und in jener Zeit Seltenheitswert besaß. Man erklärte mir, dass die Frucht, die ich für einen Ball gehalten hatte, *Orange* hieß.

Ich war bitter enttäuscht, dass mir mein schöner Ball auf diese Weise weggenommen worden war. Ein paar Monate später, als sich die wirtschaftliche Lage etwas gebessert hatte, bekam ich zu meinem Geburtstag endlich den heiß ersehnten Gummiball. Er war viel größer als die Orange und leuchtend rot.

Um sicher zu gehen, dass er mir diesmal erhalten bleibt, nahm ich ihn abends mit ins Bett und hielt ihn ganz fest bis zum Einschlafen.

Später häkelte ich aus Wollresten ein Ballnetz für ihn, damit ich ihn sicher in den Park tragen konnte, wohin wir zum Spielen gingen. Ich war überglücklich mit meinem roten Ball. "

Sei dankbar,
für alles was du hast
und nimm es nicht
für selbstverständlich.

WERTSCHÄTZEN: DER KOSTBARSTE LAIB BROT

Nun ist es so weit. Lea fährt zum letzten Mal für diesen Sommer zu Oma Gitti und fiebert dem Augenblick entgegen, an dem sie den letzten Schatz aus dem Schmuckkästchen ziehen wird.

Das Mittag-essen erscheint ihr diesmal endlos lang zu dauern und sie ist froh, als sie die letzten Krümel ihres Stücks vom köstlichen Strudel verzehrt hat, um endlich vom Tisch aufstehen zu dürfen.

Erwartungsvoll schleicht sie zu Oma Gitti's Schmuckkästchen, das bereits auf dem Couchtisch bereitsteht. Sie nickte ihr ermutigend zu, verbindet Lea jedoch die Augen mit einem Tuch und meint: „Die heutige Wahl überlassen wir ganz dem Zufall". Lea greift in das Schmuckkästchen und zieht eine winzig kleine Schachtel heraus.

Oma Gitti nimmt ihr das Tuch von den Augen und sie entdeckt darin einen goldenen Ring mit zwei kleinen türkisfarbenen Steinen, in deren Mitte ein winziger durchsichtiger Stein in einer sonderbar breiten silbernen Fassung ist.

Lea dreht den Ring hin und her und blickt erwartungsvoll zu Oma Gitti. Sie lächelte ihr freundlich zu und beginnt zu erzählen:

„Als mein großer Bruder vor vielen Jahren krank wurde, musste ich zu meiner Großmama ziehen, damit ich nicht angesteckt werden konnte. Dort wohnte auch eine alte Dame, die Tante Berta genannt wurde. Sie hatte damals Hals über Kopf aus ihre Heimat flüchten müssen und war völlig mittellos nach Wien gekommen. Da auch meine Großmama arm war, lebten die beiden Damen zusammen und verdienten ein wenig Geld durch Handarbeiten dazu. Sie strickten Wollwesten, Strümpfe und fertigten kunstvoll gemusterte Tischtücher. Sie stickten schöne Muster in Taschentücher und Bettzeug. Tante Berta nähte Dochte von Petroleumlampen zu Sohlen für Hauspantoffeln zusammen und erzählte mir dabei von ihrer glücklichen Jugend.

Eines Tages, als wir gemeinsam beim Frühstück saßen, wollte ich das Brot nicht essen, da es anders schmeckte als ich es von zu Hause gewohnt war. Als Tante Berta dies bemerkte, legte sie ihre Hand auf meinen Arm. Dabei fiel mein Blick auf den seltsamen Ring, den sie am Finger trug, und sie begann, mir folgende Geschichte zu erzählen:

'Als ich meine Heimat fluchtartig verlassen musste, konnte ich nichts mitnehmen. Wir konnten nur unser nacktes Leben retten indem wir so rasch wie möglich über die Grenze liefen. Bevor wir Wien erreichen konnten, plagte uns der Hunger gewaltig, und wir baten bei einem Bauern um etwas Brot. Als dieser den glitzernden Brillanten in meinem Ring sah, zeigte er sich bereit, diesen zur Bezahlung für einen Laib Brot entgegen zu nehmen. Da ich kein Geld hatte, blieb mir keine andere Wahl, und so wurde der große

Brillant in der Mitte zwischen den beiden kleinen Türkisen herausgebrochen. Der Laib Brot, den ich dafür eintauschte, gab uns die Kraft, uns bis nach Wien durchzuschlagen.

Später wurde das Loch, das der große Brillant hinterlassen hatte, mit einem winzigen Steinchen in einer breiten Fassung aus Silber gefüllt. Wenn ich einmal nicht mehr bin, sollst du diesen Ring zur Erinnerung bekommen.'

Da schämte ich mich sehr, dass ich so wählerisch gewesen war, und es wurde mir bewusst, wie kostbar ein Laib Brot ist und wie dankbar wir für alles Essen sein sollten. Ich habe diesen Ring immer sehr gerne getragen und jetzt hast Du ihn in der Hand.

Zum Glück müssen wir heute keinen Hunger leiden und auch sonst sind unsere größten Bedürfnisse zum Glück gestillt. Doch geht es nicht allen so gut wie uns heute, das darfst du nie vergessen, Lea.

Vielleicht kannst ja auch du einen kleinen Teil dazu beitragen, dass die Welt jeden Tag ein kleines Stückchen besser wird, denn die größten Schätze dieser Welt trägst du in dir selbst und nicht in einem Schmuckkästchen."

Da beginnt Lea zu verstehen was Oma Gitti gemeint hatte, als sie vor einigen Wochen sagte:

„Schätze sind sehr kostbar, und man muss behutsam mit ihnen umgehen, sonst kann man ihren Wert nicht verstehen."

*Kein Schatz
ist größer,
als das Leben,
das wir in Liebe
teilen.*

Wenn Sie auch etwas mit uns teilen möchten,

dann würden wir uns sehr über Ihr Feedback und eine

Rezension auf Amazon freuen.

So können noch mehr junge Mädchen mit diesen frohen

Botschaften ermutigt und gestärkt werden.

Vielen Dank!

Danke für Ihre Unterstützung!

Danke, dass Sie sich zum Kauf dieses Buches entschieden haben und es Ihrem Kind ermöglichen zu lesen, zu lernen und zu träumen.

Dies ist keine Selbstverständlichkeit, denn laut UNESCO-Weltbildungsbericht 2017/2018 haben 264 Millionen Kinder und Jugendliche zwischen 6 und 17 Jahren weltweit keinen Zugang zu Bildung. Uns liegt es am Herzen benachteiligten Kindern diesen Zugang zu ermöglichen, denn nur so kann ihnen die Chance für ein besseres Leben im Austausch mit anderen ermöglicht werden.

Daher verwenden wir einen Teil der Einnahmen aus dem Verkauf dieses Buches, um ausgewählte Hilfsorganisationen finanziell zu unterstützen.

Vielen Dank!

ÜBER BRIGITTE THONHAUSER-MERK

Die wahre Oma Gitti (* 18. Februar 1943 in Wien) ist nicht nur stolze 4-fache Mutter, sondern auch eine österreichische Malerin, Grafikerin und Autorin. Ihr Gesamtwerk umfasst Gemälde, Zeichnungen, und Collagen, deren Gesamtzahl aktuell auf 2.000 geschätzt wird. Zu ihren bekanntesten Werken gehört das Gemälde *Gelbes Bouquet* (2016), welches 2017 in Dubai mit dem Global Art Award ausgezeichnet wurde. Aktuelle Werke werden in Galerien in Paris, Wien und New York ausgestellt.

Bereits in jungen Jahren wurde ihre Liebe zum Reisen, Musizieren und künstlerischen Gestalten geweckt, wovon sie auch heute gerne ein Stück an die kommenden Generationen weitergibt.

Wenn Sie mehr über die wahre Oma Gitti und ihre Kunstwerke erfahren möchten, dann schauen Sie doch gerne auf **www.atelier-merk.com** vorbei.

Entdecken Sie noch mehr Bücher von

TORRO Kids Publishing:

Unsere Amazon Autorenseite:

bit.ly/torrokidspublishing

MIX

Papier | Fördert
gute Waldnutzung

FSC® C083411

Zeitfracht Medien GmbH
Ferdinand-Jühlke-Straße 7
99095 Erfurt, Deutschland
produktsicherheit@kolibri360.de